UN ERMITE DE L'OURAL

L'ALLIANCE FRANCO-RUSSE

DU POINT DE VUE DE LA NATION RUSSE

PARIS

TYPOGRAPHIE A.-M. BEAUDELOT

16, RUE [illegible], 16

1892

UN ERMITE DE L'OURAL

L'ALLIANCE FRANCO-RUSSE

DU POINT DE VUE DE LA NATION RUSSE

PARIS
TYPOGRAPHIE A.-M. BEAUDELOT
16, RUE DE VERNEUIL, 16

1892

L'ALLIANCE FRANCO-RUSSE

DU POINT DE VUE DE LA NATION RUSSE

La France doit choisir entre la Russie et l'Angleterre.

Examinons d'abord les rapports de l'Angleterre avec la Russie et ses rapports avec la France, puis jetons un coup d'œil sur le passé et le présent de la Russie, et enfin, discutons, délibérons sur l'alliance franco-russe.

La fin du XVIIe siècle et le commencement du XVIIIe furent les époques les plus favorables à l'Angleterre.

L'Espagne, depuis la perte de la Grande Armada, tombait en décadence ; elle avait déjà perdu les Pays-Bas, le Portugal et une grande partie de ses colonies, et pendant le règne du dernier Habsbourg, elle devint un faible État secondaire. La France était complètement ruinée par les guerres de Louis XIV. L'Allemagne, la Hongrie et la Bohême étaient affaiblies par les guerres intérieures et les invasions des Turcs. L'Italie ne comptait pas alors. Les peuples scandinaves étaient affaiblis par les luttes soutenues sous Gustave Adolphe et Charles X.

L'Angleterre n'avait plus de rivaux qui auraient pu la gêner en Europe et dans les autres parties du monde, et elle voyait à l'Occident, au delà de ses immenses possessions en Amérique, encore bien des pays réservés à son exploitation ; au midi, l'Afrique et l'Australie étaient encore presque vierges ; à l'orient, au delà de la barbare Moscou, elle voyait un espace de 9 000 kilomètres de long, contenant des terres fertiles, des forêts au bord des rivières et des mines inexplorées de métaux et de minéraux précieux. Et ce pays ne lui était pas inconnu, car sa main de fer pesait déjà sur la mer Blanche, où jamais une barque russe n'avait encore paru.

L'Angleterre contempla ces immenses espaces, destinés à son exploitation, et fut satisfaite.

Mais en même temps, dans cette sauvage Moscovie, apparaît un enfant qui, âgé de quinze ans, construit de ses mains un esquif, et apprend à le manœuvrer (1). A vingt et un ans, aux bords de la mer Blanche, il étudie la construction des vaisseaux et la manière de les gouverner, en fait bâtir dans son port d'Arkhangel, et en commande, pas en Angleterre, mais en Hollande; à vingt-quatre ans, il a déjà une flotte dans la mer Blanche et une autre qui descend par le Don dans la mer d'Azow, bat la flotte turque, et prend le port, la forteresse et la ville d'Azow; six ans plus tard, en 1703, il a déjà 150 vaisseaux de guerre sur une troisième mer, et y fonde la capitale de son empire.

L'Angleterre tressaillit de rage, prit en haine la Russie, et voilà deux cents ans qu'elle emploie tous les moyens imaginables pour l'affaiblir, la ruiner et l'abaisser, pour lui créer des entraves et pour ne pas la laisser approcher des océans.

La Russie, toujours calme, sérieuse et persévérante, suit son chemin sans dévier, et laisse faire l'Angleterre, mais l'arrête quand celle-ci se permet de fouler aux pieds les lois humaines et divines.

En 1780, Catherine propose aux États du continent le projet de la « neutralité armée », qui garantirait les ports et les vaisseaux des États faibles contre le droit du plus fort, dont abusait la seule Angleterre.

En 1800, l'Angleterre, violant les lois internationales, déclara le blocus de tous les ports français et ceux de tous ses alliés. Paul Ier, indigné de cet acte de violence, propose à son tour à la France, à la Prusse, à la Suède et au Danemark, de remettre en vigueur les règlements de la « neutralité armée », et déclare la guerre à l'Angleterre. Il prépare sa flotte de la mer Baltique, et dirige vers elle ses armées; il ordonne aux Cosaques du Don et à tous les autres de compléter leurs cadres, de se munir de tout ce qui est indispensable pour une longue traversée, et de se diriger par la Boukharie vers les bassins de l'Indus

(1) Les marins français ont vu cet esquif.

et du Gange, d'y ruiner les établissements anglais et de délivrer du joug anglais tous les souverains indigènes.

A en juger d'après les armées européennes, l'entreprise paraissait inexécutable, mais l'Europe avait déjà vu le soldat russe portant 80 kilogrammes de munition sous le soleil ardent de Naples et traversant sans chaussures les neiges et les glaçons des Alpes; elle avait déjà entendu parler des Cosaques pour lesquels, réellement, il n'y a rien d'impossible; aussi l'Angleterre comprit le danger.

Mais Paul Ier mourut subitement (sa mort, jusqu'aujourd'hui, est une énigme) et Alexandre Ier, en montant sur le trône, arrêta les préparatifs de guerre contre l'Angleterre.

En 1853, l'Angleterre fut l'instigatrice de la guerre de Crimée et nous mit des fers, que nous brisâmes trop vite à son gré.

Pendant la sainte croisade russe, en 1876, elle arma les Turcs, les paya, leur offrit ses cuirassés et 50 000 Indiens, et puis dicta le traité de Berlin. Nous n'avons pas encore brisé les fers qu'elle a mis cette fois-ci aux petites nations slaves, mais il était urgent de la réfréner, et nous avons fait le premier pas vers ses frontières de l'Inde.

Enfin, dernièrement, elle alla jusqu'à envoyer une pompeuse mission pour marquer les frontières de la Russie, et par là relever le prestige des Anglais dans l'Asie centrale, pour imposer et prouver sa suprématie aux dix millions de fanatiques musulmans nos sujets, et à tous ceux de l'Asie. Les Anglais comptent toujours sur les représentations théâtrales, comme celle de Portsmouth, mais si elles produisent leur effet en Orient, en Europe, elles ne trompent personne.

La commission anglaise était composée de hauts dignitaires, escortés d'un brillant état-major, de gardes de corps et de 30 000 cavaliers afghans. L'aspect de cette phalange était majestueux. Alexandre de Macédoine ne put avoir un cortège plus imposant.

Le général Komaroff, qui se trouvait dans ces parages avec quelques centaines de Cosaques, voyant une armée au lieu de deux ou trois ingénieurs et d'un diplomate, voulut savoir ce que faisaient ces hordes sur le territoire russe, On lui répondit, qu'elles étaient venues dire à la Russie : *Stop !*

Déjà *stop* aurait suffi pour faire monter le sang à la tête de chaque Russe, mais le général prit *stop* pour *stop* (abaisser, humilier) et s'indigna tellement, qu'en une matinée il balaya complètement le pays. De la plus haute élévation, l'œil, muni d'une forte lunette, n'aperçut plus un Anglais valide. Il ne restait sur place que des cadavres, des blessés et le camp avec des tables couvertes pour le repas et des verres à demi pleins de vin, mais personne pour déguster ce vin ni pour servir à table.

Le général Komaroff enterra les morts, soigna les blessés, renvoya galamment, avec maintes excuses, meubles et vins aux fugitifs, à leur lointain refuge, et marqua les frontières de l'Afghanistan conformément aux intérêts de la Russie.

Trois ans plus tard, l'endroit où se passa cette tragi-comédie était déjà un magnifique domaine de Sa Majesté l'empereur, domaine couvert aujourd'hui d'une végétation luxuriante pareille à celle d'autres immenses espaces déjà arrosés, cultivés et productifs, comme on a pu en juger par l'exposition de Moscou. Un chemin de fer de 1 200 kilomètres traverse ce pays, longeant les frontières de l'Afghanistan, c'est-à-dire de l'Inde. Ces déserts de sable mouvant qui, il y a dix ans, n'étaient habités que par des chacals et des hommes qui leur ressemblaient, ces déserts qui, par là, servaient de rempart infranchissable et garantissaient l'Inde de l'invasion russe, sont aujourd'hui une Europe qui diffère peu de la vieille, et une Europe qui coudoie l'Inde. Naturellement la haine de l'Angleterre contre la Russie a atteint son paroxysme.

Et après tout cela et maints cas pareils la France voudrait être l'alliée des Russes et des Anglais en même temps ?

Non, nobles Français, ce rôle double convient à l'Angleterre et aux Habsbourgs, mais il ne convient pas aux enfants de cette France qui servit toujours de phare au progrès moral de l'humanité, comme il ne convient pas aux enfants de la sainte Russie.

Les rapports de l'Angleterre avec la France ont été bien plus violents et ont eu des suites plus funestes. Les rapports avec la Russie avaient un seul caractère, une seule physionomie, toujours menaçante, tandis qu'avec la France, les rapports avaient deux faces.

D'un côté, nous voyons quatre siècles sanglants avant Jeanne d'Arc, et trois siècles après elle, moins sanglants, il est vrai, mais plus ruineux pour la France. Le *Journal de Moscou* a dernièrement calculé qu'en vingt-cinq ans la France a payé aux rois d'Angleterre 272 millions de francs, et à ses ministres 60 millions, somme immense pour le XVIIe siècle, et que l'Angleterre a brûlé et coulé à fond 3 000 vaisseaux et pris pour elle 7 000 vaisseaux français. Si la mémoire ne me fait pas défaut, ces chiffres sont bien proches de la réalité. Puis vinrent : la guerre aux États-Unis, celles de Sept ans, de Napoléon Ier, etc., tandis qu'un antagonisme incessant et sanglant dans les colonies a donné à l'Angleterre plus de la moitié des colonies françaises.

D'un autre côté, la France est souvent l'alliée de l'Angleterre, et depuis l'île de Chypre et la Ptolemaïde en 1191, jusqu'à l'Égypte en 1891 juste pendant sept cents ans, la France a été chaque fois exploitée et trompée par cette alliée ; elle a chaque fois versé son sang et dépensé son argent au profit de l'Angleterre. Ce même *Journal de Moscou* dit que la France, étant l'alliée de l'Angleterre, a été trompée par elle cinq cent quatre-vingt-quatorze fois. Sept cents ans d'escroquerie incessante, c'est là un beau jubilé, qu'assurément chaque Anglais fête dans son cœur.

Napoléon III s'est mis au service de l'Angleterre ; il a sacrifié à cette alliée le sang et les millions français ; et elle, lui a-t-elle tendu la main en 1870 ? Non, elle a tendu la main à ceux qui écrasaient la France, et si encore une fois la France est vaincue par qui que ce soit, les Anglais viendront en France les premiers pour reprendre possession des domaines de Henri Plantagenet, roi d'Angleterre, comte de Normandie, d'Anjou, de Touraine, de Poitou, de Guyenne et de Gascogne, lesquels ont appartenu pendant quatre siècles aux rois d'Angleterre, ainsi que Calais, qui leur a appartenu pendant cinq siècles.

Aujourd'hui l'héritière de Jean-Sans-Terre attire à elle l'héritier de l'empereur Othon IV et excite l'héritier du comte de Flandre à s'armer et à se fortifier sérieusement ; une nouvelle bataille de Bouvines est probable, mais les Français ne peuvent pas être sûrs qu'elle aura les mêmes résultats que la première, car l'Italie et Habsbourg ne resteront pas neutres, et il est douteux qu'un évêque se jette dans la bagarre, pour sauver le drapeau français. Avant la bataille de Bouvines le partage de la France était déjà fait sur papier ; après la bataille de Pavie Henri VIII proposa à Charles-Quint de ne pas délivrer François Ier ; il refit les plans et les cartes de la France partagée et insista sur l'exécution de ce partage. Aussi est-il très probable et tout à fait logique que la quadruple Ligue ait renouvelé ces plans et ces cartes.

La position servile dans laquelle se mettent devant l'Angleterre tous les États du midi du continent la rend tellement arrogante, que lord Salisbury se permet de parler en maître du *statu quo* dans la Méditerranée.

Mais, d'après les lois de tous les peuples et de tous les siècles, l'eau appartient aux propriétaires de ses bords, et l'Espagne, l'Italie, l'Autriche, la Grèce et surtout la France et la Turquie, qui possèdent deux bords de cette mer, laissent parler le « premier » du gouvernement anglais et même le laissent agir en maître absolu, car, ayant rendu à l'Angleterre les clefs des deux écluses qui joignent cette mer aux océans, les propriétaires de cette mer l'ont autorisée à la transformer en lac sans issue.

La France supporte cet affront et permet à l'Angleterre de s'approprier le canal de Suez, créé par le génie français.

Nous ne blâmons pas la France pour cette servilité par rapport à l'Angleterre, car juste pendant cent ans (un jubilé aussi) nous avons joué à peu près le même rôle par rapport à l'Allemagne ; mais si toutes les deux nous persistons à garder nos rôles, nous ne pouvons pas être alliées, non seulement pour des raisons morales, mais aussi parce que les serviteurs ne sont pas libres de leurs actes.

II

Ayant récapitulé les rapports de l'Angleterre avec la Russie et ses rapports avec la France, jetons un coup d'œil sur le passé et sur le présent de la Russie.

La Russie commença sa formation par la ville, ou plutôt le village de Novgorod, et, petit à petit, elle est parvenue à posséder 20 millions de kilomètres carrés, c'est-à-dire qu'elle est sept fois plus grande que le reste de l'Europe et une fois et demie plus grande que l'Angleterre, avec toutes ses colonies, y compris les 8 millions de kilomètres carrés au nord de l'Amérique, qui ne sont pas plus productifs que nos bords de l'Océan Glacial.

Les Mongols de l'Asie centrale, les Tartares du Caucase et de la Crimée, les Polonais et les Suédois ont maintes fois envahi, dévasté et pillé la Russie, battu ses armées, brûlé Moscou et d'autres villes ; Charles XII a soulevé contre le Tsar les cosaques et tout le midi de la Russie ; Napoléon Ier l'a ruinée ; trois empires et la Sardaigne s'étaient rués sur nous ; ils ont été souvent vainqueurs, *mais jamais la Russie n'a été vaincue, jamais elle n'a eu d'Austerlitz, de Waterloo, de Sadovà.*

Pendant 500 ans chacun de ces tourbillons n'avait pour conséquence qu'un peu d'économie, qu'un peu de recueillement, et la Russie reparaissait à l'horizon politique toujours plus forte et souvent plus grande qu'avant le triomphe de ses ennemis.

Est-ce sa destinée? est-ce le caractère de fer de la nation? En tout cas c'est un fait.

Et puis c'est encore un fait, que cette immense croissance se soit opérée sans l'aide de qui que ce soit. Aucune nation étrangère n'a versé une goutte de sang ni dépensé un franc à son profit, tandis qu'elle, elle a versé des fleuves de sang et dépensé des milliards au profit des autres.

Tout ceci était dans le passé, voyons le présent.

Les autres États de l'Europe, ayant peu de terres, tâchent de s'emparer de celles de leurs voisins ou en cherchent dans les autres parties du monde; la Russie a beaucoup de terres fertiles; donc, par rapport à l'espace et au pain, elle est garantie, et avant qu'il lui en manque, le globe terrestre sera tellement peuplé, que ce ne sont pas les hommes, mais la Providence, qui réglera cette affaire.

On me dira que nos terres peuvent nous être reprises. Examinons ce danger.

Nous avons deux côtés vulnérables, l'un à l'occident, l'autre à l'extrême orient.

De l'occident, toute l'Europe peut se ruer sur nous. Dans le cas le plus malheureux, que lui cèderont définitivement les 115 millions de Russes, c'est-à-dire les 105 millions, car assurément 10 millions resteront sur le champ de bataille avant que la Russie cède un pouce de son territoire? Ils cèderont à l'Europe coalisée une partie et même toute la Finlande, une partie et même toute la Pologne et enfin la Bessarabie. Il est douteux qu'on nous prenne les bords de la mer Noire, car, grâce à nos chemins de fer et à nos communications par les fleuves, ces bords ne resteraient pas longtemps entre les mains du vainqueur, surtout si dès le commencement de la guerre, nous expulsions en vingt-quatre heures les Prussiens qui s'y sont établis en masse.

Eh bien, la perte de ces trois ou quatre provinces, quel grand mal, quel désastre serait-ce à la Russie? Au lieu de 10000 kilomètres de long, elle en aura 9500, et, par rapport aux habitants, de 115 millions il lui en restera 90, car il est impossible que plus de 15 millions de kilomètres lui soient repris, et pas plus de 10 millions d'hommes ne périront dans les combats.

Ce dernier chiffre est horrible au point de vue chrétien, mais au point de vue matériel, au point de vue de l'État, nous resterons ce que nous sommes ; seulement nous économiserons, nous nous recueillerons, et, comme les fourmis dont la fourmilière a été endommagée, nous recommencerons la construction de l'État du même côté ou bien d'un autre. Avec 90 millions d'hommes laborieux, persévérants et qui ont de quoi manger, on ne désespère pas et on peut encore entreprendre quelque chose de sérieux.

Je ne suis ni diplomate ni militaire, et je ne puis envisager cette question de ces deux points de vue spéciaux; je suis un simple gentilhomme campagnard, aujourd'hui ermite, qui vit, travaille et prie avec le peuple russe, et ce peuple trouverait profitable pour la Russie de céder à qui voudrait les prendre la rive gauche de la Vistule avec Varsovie, qui, en 1815, a été pendue au cou de la Russie, comme autrefois, en Europe, on pendait des boulets au cou des galériens ; je cèderais même le nord de la Finlande, qui nous mange notre pain et ne nous donne que des embarras. Il est évident que les diplomates et les militaires russes, ne rendront pas de bon gré ces provinces, mais si on nous les prend, et même si on en prend un peu plus, le peuple russe n'en souffrira pas.

L'invasion de nos côtes de l'Océan Pacifique par les Anglais et les Chinois, poussés par les premiers, serait une guerre qui, vu notre persévérance, pourrait durer cinquante et cent ans, comme a duré celle du Caucase. Cette guerre, les Anglais auraient plus de peine à la soutenir que nous, car ils ne pourront transporter sur le champ de bataille des soldats, des munitions et des provisions qu'en six semaines, tandis que, par notre chemin de fer transsibérien, nous y arriverons en huit jours, et les Chinois, ne pouvant être récompensés par les acquisitions sur l'Océan Pacifique des pertes qu'ils auraient dans l'Asie centrale, ne tiendront pas longtemps compagnie aux Anglais.

Et puis, nous profiterions de chacune de ces guerres pour élargir nos domaines au sud, où un coup de main comme celui du général Komaroff, ou un travail de deux mois comme celui du général Skobeleff, nous donnerait l'Afghanistan avec Hérat, qui, ni aujourd'hui ni dans l'avenir, ne nous est nécessaire, mais qui, dans les cas dont je viens de parler, nous mettrait sur la frontière même de l'Inde, à deux pas de l'Océan Indien, ou même sur ses bords, paralyserait la véhémence des Anglais, et servirait de compensation pour nos pertes ailleurs, si nous en avions. Pour nous prendre des terres à l'occident et à l'orient, et nous empêcher d'en prendre au midi, il faudrait que tout l'univers se ruât sur nous en un jour, ce qui serait le premier exemple d'un tel fait depuis la création du monde.

Mais si la Providence le voulait, si cela arrivait, la vraie, la grande, la sainte Russie, avec Moscou au centre, resterait ce qu'elle est, puissante et progressive, ayant de l'espace pour sa population croissante, et rassasiée de son propre pain et de la viande de ses propres troupeaux. On ne nous aurait pas enlevé les provinces qui nous nourrissent matériellement et moralement, mais celles qui nous sucent et nous démoralisent, et, comme je l'ai dit plus haut, la Russie, toujours calme, sérieuse et persévérante, se remettrait à l'œuvre.

Est-ce de l'optimisme ou de la suffisance, ou bien est-ce une profonde conviction de notre force morale plutôt même que physique? Mais nous, Russes, nous envisageons toutes ces questions avec beaucoup de sang-froid, et *la nation russe est parfaitement sûre de son avenir, tant qu'elle aura pour alliés son Église et son souverain.*

Il y a d'autres dangers qui nous menacent, mais l'alliance franco-russe ne les détournera pas.

Les Polonais, qui se sont saisis des fonctions les plus lucratives dans les chemins de fer du gouvernement, dans les domaines de l'État et partout où l'on peut profiter du bien national, ou avoir une influence sur les affaires, et qui s'insinuent déjà en grand nombre dans nos provinces transcaspiennes, comme l'a prouvé même l'exposition de Moscou; *les Juifs*, qui ont envahi toutes les villes de la Grande-Russie, où, légalement, ils n'ont pas droit d'habiter, et *les Prussiens*, qui ont déjà acquis 6 millions d'hectares des terres les plus fertiles, ces trois éléments parasites qui démoralisent le paysan et le citadin russe, qui emploient toute leur force intellectuelle à ébranler l'alliance du peuple russe avec son Église et avec son souverain, nous causent plus de mal que ne peuvent le faire tous les engins de guerre de toute l'Europe coalisée.

Ce sont eux et leurs adeptes russes qui, jouant le rôle « d'Européens » en Russie, ont influé pendant le règne d'Alexandre II sur la presse russe, ainsi que sur la politique des ministres russes par rapport aux affaires intérieures du pays, et par rapport à la Turquie et aux clauses du traité de Berlin.

Non, les tempêtes que les quatre vents nous ont amenées durant cinq cents ans n'ont pas ébranlé et n'ébranleront jamais la Russie, et si elle périt un jour, c'est qu'elle sera rongée par ses ennemis de l'intérieur, dressés et dirigés par des mains étrangères et par celles des renégats russes.

Mais c'est un cancer qui ne peut être opéré que par nos propres mains, et il le sera, à moins que la Providence ne trouve que la nation russe a déjà accompli sa mission sur cette terre, et qu'elle doit céder sa place à d'autres.

III

Après cet aperçu sur le passé et sur le présent de la Russie, examinons l'alliance franco-russe du point de vue de la nation russe.

En 1717, Pierre le Grand, après avoir fait connaissance avec les États de l'Europe et leur politique, après avoir visité la Prusse, la Hollande, l'Angleterre et l'Autriche, après avoir étudié leur position géographique en Europe et dans les colonies, comprit le présent et prévit l'avenir; son œil d'aigle pénétra les siècles futurs, et il ne proposa pas d'alliance à l'un de ces États, mais alla à Paris spécialement pour conclure un traité formel, une alliance.

Le régent de France, duc d'Orléans, son précepteur l'abbé Dubois et ses ministres étaient sous l'influence de l'ambassadeur d'Angleterre, et le traité ne fut pas signé.

La nation russe, qui est exécutrice testamentaire de Pierre le Grand, attendit patiemment, sûre que la France finirait par partager l'idée du grand homme et par comprendre que cette alliance est la seule logique, naturelle et profitable pour elle, ainsi que pour tous les peuples du continent.

En 1807, après la paix de Tilsit, Alexandre Ier dit : « Cette alliance est la seule qui peut garantir le bonheur et le repos de l'humanité ».

La nation russe ne pouvait douter que cette alliance eut lieu un jour, car, entre la France et la Russie, il n'y a jamais eu aucune raison de conflit, et par conséquent il n'y eut jamais d'inimitié sérieuse. La grande Révolution française a mis en danger les trônes des monarques et, par instinct de conservation, ils sont allés faire la guerre à cette Révolution. C'était tout naturel au XVIIIe siècle; mais les Russes auraient laissé faire les Français, si l'idée de Pierre le Grand avait été réalisée. On fit la guerre, et si les Russes ont battu les Français en Italie, les Français les ont battus en Allemagne; on était quitte et on n'était plus ennemis, car la cause de ces guerres n'était ni la haine d'une nation envers l'autre, ni le désir de s'approprier une province française ou russe.

L'année 1812 n'a pas excité la haine des Russes contre les Français, car la majorité de la nation russe n'approuvait pas alors et n'approuve pas aujourd'hui certains actes de la politique d'Alexandre Ier, qui aurait dû éviter cette guerre, profitable uniquement à d'autres et pas à nous.

A la fin du XVIIIe siècle, la Russie donna asile à près de 10 000 émigrés français; elle leur donna à peu près un million par an; et pendant ce siècle la France donna asile aux émigrés russes et leur donna tout autant. Cela ne plaisait pas à ceux qui gouvernaient, mais n'excitait pas la haine entre les deux nations.

La guerre de Crimée fit une douloureuse impression sur la nation russe, car les Français versaient leur sang et celui des Russes au profit de l'Angleterre, et pour la première fois depuis la formation de ces deux États, nous en voulûmes sérieusement aux Français; l'affaire Berezovski augmenta le mécontentement. Mais Napoléon III se suicida à Sedan, la France était malheureuse, et tout fut oublié; aussi, après 1871, les plus sincères sympathies remplirent le cœur de la nation russe, comme elle l'a prouvé en 1875 et ces derniers temps, par son souverain, à Cronstadt.

Je ne cite pas la réception des marins français à Pétersbourg, car le décor extérieur y était le même qu'au Danemark, qu'en Suède et qu'en Angleterre, tandis qu'à Moscou tous les hauts dignitaires étaient absents : c'est le cœur de la nation russe qui a parlé, et les marins n'oublieront pas, j'espère, comme il a tressailli de joie en voyant la proche réalisation des vues de Pierre le Grand et de l'idéal d'Alexandre Ier.

Mais si la France désire qu'un traité d'alliance intervienne, qu'il se grave dans le cœur des deux nations, et que, par là, il soit immuable, il faut que la diplomatie française se résigne à oublier le passé et à commencer une nouvelle ère. L'alliance franco-russe sera une phase encore inconnue de l'histoire du continent, et les autres phases doivent s'éclipser et lui céder la place. Cette alliance, si elle devient un fait, rendra inadmissibles tous les systèmes politiques qui ont existé, car ils tendaient tous à désunir ceux qui s'unissent aujourd'hui.

L'alliance franco-russe ne peut pas être une alliance temporaire, passagère ou pour un certain cas; la nation russe n'acceptera pas une pareille alliance, car ce n'était ni l'idée de Pierre le Grand qui, lors de son voyage à Paris, n'avait pas besoin du secours de la France, puisqu'il y vint quatorze ans après la fondation de sa capitale sur les bords de la mer Baltique, et huit ans après la bataille de Poltava qui avait anéanti Charles XII; ni l'idée d'Alexandre Ier qui dit : « Cette union garantira le bonheur et le repos de l'humanité », et ce bonheur ne peut pas être atteint ni par une bataille, ni par une conquête, ni dans un laps de temps limité d'avance.

Cette alliance tant désirée par Pierre le Grand, par Alexandre Ier, et aujourd'hui par Alexandre III ainsi que par toute la nation russe, *doit avoir pour but la paix sur le continent et par conséquent le bien-être, le bonheur de ses peuples et doit durer tant que ce but ne sera pas atteint.* Cherchons les moyens d'atteindre ce but.

Dans la nature tout est logique; ainsi les actions et les jugements de l'homme du peuple, qui est proche de la nature, sont pour la plupart logiques.

Mettons donc de côté les déductions et les syllogismes des diplomates, des stratégistes et des savants, et envisageons la question qui nous intéresse du point de vue du peuple en général, c'est-à-dire du simple sens commun, sans spéculations métaphysiques.

L'homme est ou chrétien ou matérialiste, ce sont deux pôles, et ceux qui veulent les joindre en eux sont des pharisiens dénués de logique : aussi leur opinion ne peut-elle être prise en considération.

Le chrétien aime son prochain, et tuer celui qu'on aime est une absurdité, un paradoxe. Le chrétien donne son bien au prochain, mais ne s'en empare pas; il sacrifie sa vie pour son prochain, mais ne la lui prend pas; aussi, pour un chrétien, la guerre est un grand crime.

Le matérialiste aime par-dessus tout son corps, sa fortune,

son confort et sa quiétude, et comme la guerre peut le blesser ou le tuer, comme elle lui prend son argent et son serviteur, dérange sa vie normale et quelquefois le ruine complètement, lui aussi il abhorre la guerre.

Donc, que nous soyons matérialistes ou chrétiens, nous devons employer toutes nos forces intellectuelles et même en dernier cas physiques, pour qu'il n'y ait plus de guerre.

Au premier coup d'œil l'alliance des mots : chrétien et force physique, paraît être une dissonance; mais Jésus prit des cordes, frappa et chassa du temple ceux qui y étaient non pour glorifier Dieu, mais pour leur profit matériel. Ne soyons pas plus chrétiens que le Christ, et si quelqu'un met des entraves au bonheur des peuples du continent ou de l'humanité, éloignons-le de notre route par tous les moyens possibles, sans exclure la guerre qui sera la dernière, ou dont le nombre du moins diminuera à l'infini.

La guerre est un désastre pour un chrétien comme pour un matérialiste; adressons-nous au simple bon sens et il nous indiquera comment éviter ce désastre.

Quand une maladie épidémique ravage une ville, il est rare qu'on traite les malades, mais on cherche les causes de cette maladie et on institue des quarantaines, on désinfecte la ville, on emploie des drogues qui tuent les bacilles, et une fois les causes éloignées, l'épidémie cesse. Ma maison est froide et je gèle, j'en cherche la cause et je trouve que les vitres sont brisées et le poêle en mauvais état; j'éloigne ces causes, et j'ai chaud. Ma terre ne produit rien, j'en cherche la cause et si je trouve qu'elle a trop d'humidité, je creuse un canal; si elle est trop sèche, je l'arrose; si elle a trop d'argile, je le mêle avec du sable et du fumier, et une fois que les causes de sa stérilité sont éloignées, je récolte d'abondantes moissons. Ce n'est pas en vain que les anciens disaient : *Beatus qui rerum potest cognoscere causas*, car aucun malheur ne peut nous arriver si nous connaissons et anéantissons les causes qui l'auraient produit.

On parle et on écrit beaucoup à propos de la paix, du désarmement et de l'arbitrage; il y a des sociétés internationales qui travaillent pour atteindre ce but suprême de la paix, et l'une d'elles m'a fait l'honneur de me nommer son vice-président; mais tout cela n'est que de la théorie, et malgré toutes les bonnes intentions des sociétés médicales, agronomiques, philanthropiques et autres, malgré les beaux discours des empereurs et des ministres, l'épidémie ravagera le pays, je mourrai de froid, mon champ ne produira rien, le continent se ruinera par les armements et les guerres auront lieu *tant que les causes de ces désastres ne seront pas anéanties ou au moins affaiblies de façon à ce qu'elles produisent le moins de mal possible.*

N'est-ce pas logique?

Examinons maintenant les causes qui produisent les guerres.

L'histoire nous montre trois causes de guerres:

1° Des causes morales. Je donne ce nom aux causes qui produisent des guerres dont le but n'est pas matériel, comme la guerre de Troie, les croisades, les guerres pour la délivrance des États d'Amérique du joug anglais, et des Slaves pour celle du joug turc, etc.

2° Des causes intellectuelles. C'est quand on remporte la victoire et prend le butin uniquement grâce à son intelligence et non pas à la force physique. Tel monarque ou ministre, dans son cabinet, met en balance les forces de son pays et celles de chaque pays étranger à part, et il calcule quel empêchement ou développement de la grandeur ou de la richesse de son pays il peut ou pourra rencontrer de la part de celui-ci ou de celui-là. Supputation faite, il cherche les moyens d'exciter la guerre entre le n° 1 et le n° 3 ou 10, son cerveau travaille et il y parvient, prend une faible part à cette guerre ou bien reste spectateur, mais ne manque pas de prendre part au partage du butin. Son cerveau travaille encore plus, et s'il ne prend ni terre, ni argent, il trouve le moyen d'affaiblir son adversaire ou de morceler ses États, ou de lui créer des difficultés qui le forcent à s'agiter, à se débattre et à s'affaiblir. Quelquefois les monarques déclarent et mènent la guerre eux-mêmes ; mais dans ces derniers siècles, ils sont parvenus à n'être que des brûlots ou des aides secondaires. L'Angleterre est la représentante de ce système qui n'était pas étranger aux peuples de l'ancienne Grèce.

3° Des causes matérielles. C'est le désir de s'emparer du bien d'autrui pour augmenter le sien.

Les deux premières causes de guerres ne peuvent pas être anéanties avant que l'humanité ne devienne aussi chrétienne que l'était le Christ, car, au point de vue chrétien, même un but noble ne doit pas être atteint par le sang du prochain; mais les souverains et les peuples feront plus rarement la guerre quand la troisième cause disparaîtra ou quand les éléments qui la produisent seront affaiblis.

La troisième cause de guerres est uniquement matérielle; ceux qui les mènent ont pour but de s'enrichir en dépouillant les autres; donc ne soyons pas pharisiens, mettons de côté le christianisme et envisageons cette question du point de vue purement économique et commercial.

Examinons quels sont les éléments politiques qui excitent et quelquefois forcent les États à faire ces guerres matérielles, quels en sont les motifs.

1° D'abord la non complète formation des États, leur structure inachevée. La France, l'Italie, l'Allemagne, le Danemark, la Grèce et la Russie n'ont pas tous les éléments indispensables à leur existence et ceux que légitimement demande le cœur de quelques-unes de ces nations. Il y a dix millions d'Allemands, puis les habitants de Trente, de Trieste, de Crète, d'Alsace-Lorraine et de maintes autres provinces et îles qui sont hors de leurs nids, et que la jalousie, l'envie des plus forts et surtout l'Angleterre, empêchent d'y rentrer; qui, comme Tantale, ne peuvent se désaltérer dans la source nationale. Et puis, l'immense nation allemande n'a pas assez de place sur le bord de sa propre mer allemande, et la Russie n'a pas de communication libre avec les océans, etc., etc. Tout cela n'est pas normal, tout cela n'est pas logique et servira toujours de motif aux guerres.

2° Le second motif des guerres matérielles, ce sont les petites nations et les petits États dont nous venons de parler, et qui sont ou des restes insignifiants des hordes barbares des premiers siècles ou des restes du système féodal, ou des morceaux détachés des grandes nations. Depuis la mort de Charlemagne, beaucoup de ces petites parcelles se sont déjà confondues avec les grands États, d'autres continuent à être le jouet de la fortune et de leurs grands voisins, à provoquer leur appétit et à exciter leur jalousie réciproque. Le Luxembourg a manqué de causer (ou peut-être c'est lui qui a causé) la mort et la mutilation de plus d'hommes qu'il n'a d'habitants et de faire dépenser plus d'argent qu'il n'en possède lui-même.

Des cas pareils ont existé et existeront toujours tant qu'il y aura des petits États entremêlés avec les grands. Leur indépendance ne profite nullement à leurs sujets, car cette indépendance n'est que nominale et fictive. Si la Belgique était indépendante, se serait-elle ruinée pour s'armer et pour bâtir des forteresses, sachant que l'un de ses voisins peut anéantir tout cela en huit jours. Non, elle se ruine parce qu'un plus fort le lui a ordonné, et c'est lui, le plus fort, qui disposera de ses armées, de ses forteresses, de son sang et enfin de son sort. Tous ces petits États, aussi bien que ceux de l'Allemagne, et même de l'Autriche, ont chacun deux rois, l'un petit et l'autre grand, et on nous assure que cet ordre de choses est pour l'honneur des peuples, pour leur « indépendance » : vil et indigne sarcasme !

Un petit État ne peut exister et être indépendant que grâce à sa position topographique, comme la Suisse, le Danemark, le Japon, etc., qui ne gênent pas leurs voisins, ne sont pas sur leur route, et qui ont des frontières stables.

3° La troisième cause des guerres matérielles, quoiqu'elle ne soit qu'une cause accessoire, c'est le peu de solidité des frontières. Les Pyrénées nous prouvent l'utilité des frontières stables ; nous voyons qu'au VIIIe siècle elles étaient postées par les Maures ; mille ans plus tard Louis XIV dit : « Il n'y a plus de Pyrénées » ; eh bien, elles sont à leur place et pendant 1 200 ans servent de frontières aux deux États qui, malgré leur proximité et le peu d'équilibre qu'il y eut toujours entre leurs forces depuis plusieurs siècles, ne cherchent pas à s'emparer d'une province d'un ou de l'autre côté de cette frontière naturelle ; on a voulu quelquefois s'emparer de tout l'État, mais jamais d'une province.

La cause de la stabilité de ces frontières est plutôt psychologique que physique ; notre imagination, comme nos yeux, s'habitue à certaines formes, dont le changement ne nous vient même pas à la tête, quoique souvent il est facile et même lucratif ; par rapport au culte religieux, le changement des formes extérieures ne change pas le sens intrinsèque de nos croyances, et pourtant les hommes se laissent tuer, plutôt que d'admettre d'autres formes. C'est inné : donc il faut le prendre en considération et s'y conformer.

Les fleuves pourraient servir de frontières tout aussi stables que les montagnes, qui ne sont pas plus difficiles à franchir que les fleuves, mais tous deux agissent plus fortement sur l'imagination des peuples qu'un piquet ou qu'une maison de douane.

Après cette étude des causes de guerre, démontrons nettement quel est le but de l'alliance franco-russe.

A l'occident, en 843, Charles le Chauve, par le traité de Verdun, reçut la Gaule, et posa les fondements de la France d'aujourd'hui.

En même temps, en 862, Rurik s'installa à Novgorod, et posa les fondements de la Russie d'aujourd'hui.

Pendant dix siècles, ces deux nations vécurent, non seulement sur le même petit continent de l'Europe, mais en partie au bord des mêmes mers, car la province de Novgorod atteignait la mer Baltique, et Vladimir reçut le baptême au bord de la mer Noire; toutes les deux sont la continuation des mers de la France.

Malgré cette proximité, presque ce voisinage, les deux nations ne se connurent pas pendant neuf siècles, et les deux États n'eurent aucuns rapports, quoiqu'ils formassent les parois du continent dont l'une arrêta l'invasion des Mongols, l'autre celle des Maures, et par là sauvèrent l'Europe; ces deux murs, joints par une voûte, domineraient le continent. Évidemment, la Providence n'a pas voulu que cette voûte fut bâtie, et ses vues sont trop vastes pour notre conception.

Maintenant, la Providence a permis que les échafaudages de cette voûte soient construits; mais est-ce une fantaisie? se bornera-t-elle à des échafaudages? ne serviront-ils qu'à un feu d'artifice? Non, la Providence n'a pas de fantaisies, et elle ne dérangerait pas l'ordre et les systèmes qui ont duré dix siècles pour les intérêts mesquins d'un groupe d'hommes.

Cette voûte, une fois construite, préservera le continent des tempêtes qui l'ont ravagé pendant quinze siècles.

Cette voûte sera trop solide pour laisser tomber des pierres sur ceux qui fourmilleront au bas. Ce colosse a double face qui aura construit un tel abri sera trop grand pour participer aux jalousies, aux intrigues et aux passions des hommes. Il étendra sa main bienfaisante sur les peuples du continent, et, comme l'a dit Alexandre Ier, garantira leur repos et leur bonheur.

C'est l'avenir. Rentrons dans la sphère contemporaine, et récapitulons ce que nous avons déjà dit.

Nous avons parcouru l'histoire de Russie et nous avons fait connaissance avec le caractère de la nation russe.

Nous avons vu que l'Angleterre tâchait toujours de nuire à la Russie et que la Russie la traitait avec dédain, l'arrêtant, la bridant toujours. La Russie est le seul État du continent indépendant de l'Angleterre et cela ne peut changer; jamais elle ne subira le joug anglais. Par conséquent, *si la France veut être l'alliée de la Russie, elle doit se mettre dans la même position par rapport à l'Angleterre.*

Une fois cela convenu, la France et la Russie peuvent s'occuper de leur organisation définitive et du bonheur de leurs peuples, ce qui ne sera atteint qu'en aidant les autres États à atteindre ces mêmes buts; comme le bonheur des peuples est incompatible avec la guerre, nous avons étudié les causes de guerre sur le continent et les moyens de les éviter.

Le simple bon sens nous montre que les deux premières causes perdront leur vitalité quand la troisième cause, qui est toute matérielle, sera anéantie ou affaiblie à tel point qu'elle produise le moins de mal possible. Aussi, nous avons minutieusement examiné cette troisième cause de guerre, et nous avons vu qu'elle provient plutôt de la gêne, de la vexation, de la position anormale dans lesquelles se trouvent tous les États du continent, que de la rapacité de leurs souverains, et nous sommes arrivé à la conclusion logique que si la France et la Russie s'unissent, c'est pour anéantir ou au moins affaiblir les causes des guerres matérielles, donc pour s'organiser elles-mêmes, et pour aider les autres États à s'organiser de manière :

1° Que leurs *pia desideria* soient accomplis, et qu'ils possèdent tout ce qui est indispensable à leur existence, à leur bien-être, à leur développement et tout ce que demande leur cœur;

2° Que les nations peu nombreuses et la plupart des petits États soient joints aux grands États, ou soient joints entre eux et forment de grands États complètement indépendants;

3° Et que tous les États aient, autant qu'il est possible, des frontières naturelles.

Une fois que les besoins et les tendances des États du continent seront satisfaits, et par là les causes de guerres anéanties ou affaiblies, le continent entrera dans sa vie normale civilisée et chrétienne.

Tel est le but final de l'alliance franco-russe.

RÉPONSE AUX PESSIMISTES ET A CEUX QUI DEMANDENT DES DÉTAILS

On me fait deux objections :

1° *La Revue des Deux Mondes*, en critiquant une de mes publications précédentes, a dit : que joindre à l'empire d'Allemagne le nord de la Hollande, la Bavière, la Saxe, etc., et à la France la rive gauche du Rhin, c'est créer de nouvelles Irlandes.

D'abord, si le gouvernement met tous ses sujets sur le même pied, sans distinction, ce qui n'a pas lieu par rapport à l'Irlande, chaque individu gardera sa langue, sa religion et ses mœurs, mais ne dérangera pas l'unité politique. Et puis, quel est l'État sur le globe terrestre et même quelle est la nation qui soit formée d'un seul type d'hommes? On dit que la langue fait la nationalité, mais j'ai été dans maints villages où les femmes, les enfants et la très grande majorité des hommes en France ne comprennent pas le français, en Allemagne l'allemand, en Espagne l'espagnol; entre autres, la plus grande partie des habitants des bords de la Saade, où naquit Clovis et où fut écrite la loi salique, ne comprennent ni le français ni l'allemand. Chaque groupe de ces villages a une langue à part, incompréhensible à tous les autres habitants de l'univers; il a des habitudes, des mœurs et des préjugés à lui, et souvent son costume le distingue de ses voisins; aussi, pour être conséquent on doit considérer ces groupes de villages comme des « Irlandes » et proposer de former de chacune de ces « nations » des États indépendants. L'Angleterre y adhérerait volontiers et serait heureuse de voir le continent morcelé en mille morceaux.

2° La seconde remarque qui m'est faite, c'est que si la France et la Russie emploient toutes leurs forces et, naturellement, tous les engins d'aujourd'hui pour atteindre le but ci-dessus mentionné, les combats cesseront vite sur le continent faute de combattants.

D'abord, la France et la Russie jointes ensemble seront trop fortes pour employer la force physique, ou ne l'emploieront que dans un cas extrême; et la responsabilité retombera sur celui qui les aura forcées de prendre les armes; mais c'est justement parce que les guerres produiraient trop de ravages, qu'à moins de très rares exceptions, il n'y aura pas de sang versé.

Guillaume II n'est ni un Habsbourg ni un Anglais. Il ne versera pas des fleuves de sang et ne ruinera pas les nations, sachant que sans coup férir il peut joindre en un seul empire tous les États de l'Allemagne, ainsi que les dix millions d'Allemands qui sont encore sous la domination de l'Autriche, et qu'il peut acquérir le bord de la mer allemande jusqu'à l'embouchure du Rhin et le bord de la Vistule avec Varsovie, qu'il peut recevoir tout cela, en échange seulement du bord gauche du Rhin, du Holstein et d'un port sur la mer Baltique.

L'empire d'Allemagne ne cèdera que près d'un million et demi de sujets, dont la nationalité allemande est contestée ; elle cédera juste autant qu'il y aura de morts et d'estropiés, en cas de guerre de la Russie, de la France et de leurs alliés contre la Quadruple Ligue, et acquerra près de quinze millions de sujets pour la plupart d'origine allemande. La nation allemande ne le pardonnerait jamais à Guillaume II, s'il préférait la guerre européenne à cet échange, et l'un des deux est inévitable, car les peuples ne peuvent plus entretenir des millions de soldats et de chevaux inactifs. Les journaux allemands disent que nous emploierons les 125 millions que nous venons d'emprunter pour une guerre contre l'Allemagne. Oui, nous les dépenserons volontiers en Allemagne, mais c'est pour l'aider à couronner l'œuvre de son unité, pour lui donner les 10 millions d'Allemands de l'Autriche et de la Hollande.

L'Italie ayant reçu tout ce que son cœur désire et Tripoli qui lui revient de droit, comme Tunis à la France et le Maroc à l'Espagne, n'aura pas de raison pour tirer l'épée, et une fois la France, l'Italie, l'Allemagne et la Russie d'accord, il n'y aura pas de sang versé et la prophétie d'Alexandre Ier sera accomplie, car ces quatre nations, toujours nobles dans leurs actions et toujours progressives, garantiront le bonheur et le repos des peuples du continent.

Certes, ce n'est pas pour l'exploitation de l'humanité que se donneraient la main un Hohenzollern, un fils du noble Victor-Emmanuel, un Carnot et un Romanoff !

Mais quels sont les *pia desideria* de la Russie ? Elle a 115 millions d'habitants et elle a de quoi les nourrir : aussi nos souverains, qui sont l'âme de la nation russe, n'en demandent pas davantage depuis un siècle et n'en demanderont jamais plus. Si dernièrement nous avons élargi nos frontières du midi, c'est d'abord parce que les peuples qui y habitaient ne vivaient que de pillage sur nos terres et en Perse, et emmenaient en masse des sujets russes et persans, qu'ils tenaient dans l'esclavage le plus atroce ; aucune pression morale ne pouvait les dompter, il fallait donc les civiliser : ainsi nous avons fait des Turkomans ce que la France a fait des Algériens. L'Angleterre, ne nous donnant pas de repos en Europe, nous a forcés de nous rapprocher des frontières de l'Inde pour la tenir en bride.

Maintenant, et à tout jamais, la Russie n'a pas besoin d'acquisitions territoriales; aussi tous ses voisins barbares et civilisés peuvent-ils être dans une quiétude complète.

Mais un empire comme la Russie, qui possède près de la cinquième partie des terres du globe, ne peut pas exister sans flotte.

La flotte russe m'est spécialement chère, car mon fils, académicien, en fait partie, et, comme elle n'a pas de communication libre avec les océans, la mer de Marbre nous est indispensable.

Le maire de Moscou, le même qui a fêté les marins français, a publiquement exprimé à Sa Majesté l'Empereur l'urgence de cette acquisition et nous sommes prêts à sacrifier nos fils et nos fortunes pour atteindre ce but : aussi l'atteindrons-nous. Mais acquerrons-nous la mer de Marbre au prix de fleuves de sang des peuples de l'Europe et de leurs milliards, ou bien par un échange également avantageux pour tous les États du continent? Cela dépend du juste ou faux calcul des souverains du continent.

Je n'ajoute pas que cela dépend aussi « de leur sentiment chrétien », car je traite le sujet du point de vue exclusivement matériel et économique; mais ce sentiment ne surgira-t-il pas dans leur cœur quand ils auront à décider cette question?

Comme nous passons en revue les *pia desideria* de tous les Etats, j'ajouterai que la nation russe désirerait avoir dans la mer Baltique un port de commerce qui ne gèle pas, c'est-à-dire Krolevetz, nommé par les Allemands : Königsberg, qui est le plus proche de notre frontière et près de l'embouchure de notre rivière Niemen. Les habitants du petit espace de terre qui serait joint à la Russie ne sont pas Allemands, ce sont des Lithuaniens et des Lettes, comme ceux qui habitent nos provinces contiguës. Ce désir est bien modeste de notre part, surtout si en échange nous donnerions à l'Allemagne infiniment plus de terre et d'habitants.

Du reste, ce n'est qu'un désir, et la nation russe ne versera pas une goutte de sang et ne dépensera pas un rouble à elle, ou emprunté, pour le réaliser; mais cet échange profiterait aux Polonais de la rive gauche de la Vistule qui, malgré les deux constitutions libérales que leur a données la Russie, se sont révoltés contre elle, tandis que leurs voisins et compatriotes du duché de Posen sont complètement satisfaits du gouvernement allemand : donc ceux de la rive gauche de la Vistule joints à eux le seraient aussi.

Restent les débris de la Turquie et de l'Autriche.

Naturellement tous les Grecs se jetteront dans les bras de la Grèce. Les Hongrois, les Slaves, les Roumains, les Turcs et les Galiciens polonais et russes ne peuvent pas former des États indépendants, car d'abord ils n'ont pas assez de maturité, comme nous le prouvent la Bulgarie et la Serbie, et puis, comme nous l'avons prouvé plus haut, ils continueraient à exciter l'appétit des grands États et seraient des causes de guerres. Aussi les petites nations restées du partage de l'Autriche et de la Turquie seront probablement jointes en une république, comme celle de l'Amérique du Nord et formeront un grand et puissant État, tout aussi indépendant que tous les grands Etats du monde.

Le sultan, ayant transporté sa capitale au Caire, redeviendra souverain absolu de tout le courant du Nil jusqu'à ses sources, mais non pas du canal de Suez, dont la neutralité complète sera garantie à tout jamais par tous les Etats du continent. Si la Tunisie est jointe à l'Algérie, et si Tripoli passe sous la domination de l'Italie, leurs habitants y gagneront beaucoup et le sultan y perdra peu, car son pouvoir dans ces parages est nominal. Le bon sens ainsi que la sécurité de la mer Méditerranée exigent que le Maroc soit une province espagnole.

L'Angleterre, née sur les océans où elle a grandi et vieilli, restera souveraine des océans, mais elle ne le sera pas sur le continent, qui aura atteint sa majorité et cessera d'être sous sa tutelle, ni dans la mer Méditerranée, qui appartient aux possesseurs de ses bords et non aux habitants des îles des océans.

L'Autriche, nécessaire aujourd'hui seulement aux Anglais pour diviser et affaiblir les peuples du continent, n'aura plus de raison d'être quand les insulaires cesseront d'être nos tuteurs.

Si la France partage ces idées et ces vues, qui dans leur sens intrinsèque étaient celles de Pierre le Grand et d'Alexandre Ier et que nous notifions maintenant, la Russie sera toute à la France, corps, âme et fortune; sinon elle dira : *Fiat volontas tua, Domine!* et suivra la route qu'elle a suivie pendant dix siècles, toujours calme, persévérante, progressive et confiante en Dieu et en son souverain et père.

190

www.ingramcontent.com/pod-product-compliance
Ingram Content Group UK Ltd.
Pitfield, Milton Keynes, MK11 3LW, UK
UKHW012309240726
13966UKWH00004B/1752

9 782012 784284